MESSÉNIENNES

ET

POÉSIES DIVERSES.

MESSÉNIENNES

ET

POÉSIES DIVERSES,

PAR M. CASIMIR DELAVIGNE.

ONZIÈME ÉDITION.

TOME PREMIER

A PARIS,

CHEZ LADVOCAT,

LIBRAIRE DE SON ALTESSE SÉRENISSIME

MONSEIGNEUR LE DUC DE CHARTRES.

....

M. DCCC XXIV.

TABLE DES MATIÈRES

CONTENUES DANS CET OUVRAGE.

TOME SECOND.

FIN DE LA TABLE.

AVERTISSEMENT

DU

LIBRAIRE-ÉDITEUR

SUR CETTE ONZIÈME ÉDITION.

Publier une nouvelle édition in‑18 des Messéniennes et Poésies Diverses de M. Casimir Delavigne, c'est à la fois satisfaire aux besoins des amateurs et compléter ma collection des poëtes français du *dix-neuvième siècle*.

Les planches des *sept vignettes* gravées sur cuivre, et les *vingt-un sujets* exécutés sur bois, qui avaient été tirés à mille, sont encore restées fort belles : ce nombre, qui ne pouvait les épuiser, me permet d'en pouvoir faire un autre tirage pour orner cette nouvelle édition. Pour faire en même tems connaître ma belle édition in-8º des Messéniennes, je vais reproduire l'avertissement placé en tête de ce beau livre.

« Occupé, depuis plus de 8 mois, de cette nouvelle-édition des Messéniennes et Poésies diverses de M. Casimir Delavigne, nous nous félicitons de pouvoir la publier au moment où tout l'enthousiasme qu'avaient excité ses premiers succès vient d'être réveillé par l'École des Vieillards et par Trois Messéniennes nouvelles.

« Notre entreprise exigeait nécessairement des frais considérables. Il s'agissait d'imprimer un volume digne d'un des plus beaux talens de notre époque, et de contenter les amateurs, devenus difficiles depuis que le luxe s'est introduit dans

notre typographie. Heureusement les presses de
M. Pinard ont justifié tout ce que promettaient
les modèles remarquables qui lui ont mérité tant
d'éloges à la dernière exposition *. M. Devéria,
inspiré par de beaux vers, a rivalisé de vigueur
et de grâce dans ses dessins, avec les *Westall* et
les *Smirke* de la Grande-Bretagne. Ses ingénieu-
ses allégories, comme ceux de ses sujets qui tra-
duisent plus littéralement les pensées du poëte,
ont été reproduites par le burin de cinq artistes qui
ont tous déjà fait la fortune de plusieurs collections
de gravures. A MM. *Godefroy, Lefèvre aîné, Bur-
det, Motet* et *Touzet*, qui ont gravé sur cuivre *sept
jolies vignettes*, nous avons associé M. *Thompson*,
qui a exécuté sur bois vingt-un sujets de M. Devéria. Cet artiste anglais, naturalisé parmi nous,
n'avait point jusqu'ici trouvé de presses qui eus-
sent rendu d'une manière aussi heureuse toute
l'originalité de son talent, en donnant à sa gra-
vure sur bois le charme de l'impression en taille-
douce.

---

* M. Pinard a exposé des feuilles d'une très belle
édition du *Temple de Gnide*, qui paraîtra incessam-
ment.

« Neuf éditions des Messéniennes ont précédé celle-ci; c'est en dire assez sur l'accueil que reçoivent, sous tous les formats, les vers de M. Delavigne, qui a bien voulu donner, pour enrichir cette édition, les augmentations importantes indiquées sur son frontispice.

« Enfin, le Public a si souvent encouragé nos efforts par sa bienveillance, que nous osons en réclamer la continuation, quand nous avons fait de nouveaux sacrifices pour la mériter. »

Paris, ce 15 avril 1824.

LADVOCAT.

LIVRE PREMIER.

MESSÉNIENNES.

.... « J'ai préféré la forme de l'élégie, que des auteurs
« très-anciens ont souvent choisie pour retracer les malheurs
« des nations. C'est ainsi que Tyrtée, dans ses élégies, avait
« décrit en partie les guerres des Lacédémoniens et des Mes-
« séniens; Callinus, celles qui de son tems affligèrent l'Ionie;
« Mimnerme, la bataille que les Smyrnéens livrèrent à
« Gygès, roi de Lydie. »

(ANACHARSIS, ch. XL, p. 34.)

Tout le monde a lu, dans le voyage d'Anacharsis, les
élégies sur les malheurs de la Messénie; j'ai cru pouvoir
emprunter à Barthélemy le titre de MESSÉNIENNES, pour
qualifier un genre de poésies nationales qu'on n'a pas encore
essayé d'introduire dans notre littérature.

ENVOI

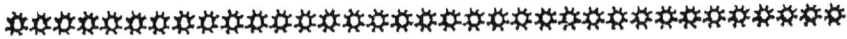

DES MESSÉNIENNES

A MADAME ***.

———◦◦◦———

Les voilà ces chants funéraires,
Faible tribut de ma douleur :
Lisez ; le trépas de nos frères
Pour vous, du moins, fut un malheur.

Aux beaux jours de notre vaillance
Leurs noms immortels sont liés ;

Ils revivront chers à la France,

Et mes vers seront oubliés.

La jeunesse ira d'âge en âge,

Parcourant des champs meurtriers,

Visiter en pèlerinage

Les mânes de nos vieux guerriers.

Alors paraîtront à sa vue

Leurs glaives par le tems rongés,

Leurs os brisés par la charrue...

Alors nous les aurons vengés.

On verra la France animée

D'un souvenir triste et pieux,

Combattre et vaincre aux mêmes lieux ,

Pour ensevelir son armée.

Leur cendre vole au gré du vent ,

Dans ces champs témoins de leur gloire ;

Mais notre courage et l'histoire

Se chargent de leur monument.

PREMIÈRE

MESSÉNIENNE.

Iʳᵉ MESSÉNIENNE.

ON DIT QU'EN LES VOYANT COUCHÉS SUR LA POUSSIÈRE
D'UN RESPECT DOULOUREUX FRAPPÉ PAR TANT D'EXPLOITS
L'ENNEMI L'ŒIL FIXÉ SUR LEUR FACE GUERRIÈRE
LES REGARDA SANS PEUR POUR LA PREMIÈRE FOIS

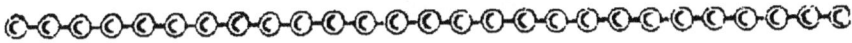

PREMIÈRE

MESSÉNIENNE.

LA BATAILLE DE WATERLOO *.

Ils ne sont plus, laissez en paix leur cendre :

Par d'injustes clameurs ces braves outragés

---

* Cette Messénienne fut composée au mois de juillet 1815.

A se justifier n'ont pas voulu descendre ;

Mais un seul jour les a vengés ;

Ils sont tous morts pour vous défendre.

Malheur à vous si vos yeux inhumains

N'ont point de pleurs pour la patrie !

Sans force contre vos chagrins,

Contre le mal commun votre ame est aguerrie ;

Tremblez, la mort peut-être étend sur vous ses mains !

Que dis-je ? quel Français n'a répandu des larmes

Sur nos défenseurs expirans ?

Prêt à revoir les rois qu'il regretta vingt ans,

Quel vieillard n'a rougi du malheur de nos armes ?

En pleurant ces guerriers par le destin trahis,

Quel vieillard n'a senti s'éveiller dans son âme

Quelque reste assoupi de cette antique flamme

Qui l'embrasait pour son pays!

Que de leçons, grand Dieu! que d'horribles images

L'histoire d'un seul jour présente aux yeux des rois!

Clio, sans que la plume échappe de ses doigts,

Pourra-t-elle en tracer les pages?

Cachez-moi ces soldats sous le nombre accablés,

Domptés par la fatigue, écrasés par la foudre,

Ces membres palpitans dispersés sur la poudre,

Ces cadavres amoncelés!

3.

Eloignez de mes yeux ce monument funeste

De la fureur des nations :

O mort ! épargne ce qui reste.

Varus, rends-nous nos légions !

Les coursiers frappés d'épouvante,

Les chefs et les soldats épars,

Nos aigles et nos étendards

Souillés d'une fange sanglante,

Insultés par les léopards,

Les blessés mourans sur les chars,

Tout se presse sans ordre, et la foule incertaine,

Qui se tourmente en vains efforts,

S'agite, se heurte, se traîne,

Et laisse après soi dans la plaine

Du sang , des débris et des morts.

Parmi des tourbillons de flamme et de fumée ,

O douleur ! quel spectacle à mes yeux vient s'offrir ?

Le bataillon sacré, seul devant une armée ,

      S'arrête pour mourir.

C'est en vain que, surpris d'une vertu si rare ,

Les vainqueurs dans leurs mains retiennent le trépas ;

Fier de le conquérir, il court, il s'en empare :

La Garde, avait-il dit, meurt et ne se rend pas.

On dit qu'en les voyant couchés sur la poussière ,

D'un respect douloureux frappé par tant d'exploits ,

L'ennemi, l'œil fixé sur leur face guerrière,

Les regarda sans peur pour la première fois.

Les voilà ces héros si long-tems invincibles !

Ils menacent encor les vainqueurs étonnés !

Glacés par le trépas, que leurs yeux sont terribles !

Que de hauts faits écrits sur leurs fronts sillonnés !

Ils ont bravé les feux du soleil d'Italie,

De la Castille ils ont franchi les monts ;

Et le Nord les a vus marcher sur les glaçons

Dont l'éternel rempart protège la Russie.

Ils avaient tout dompté... Le destin des combats

Leur devait, après tant de gloire,

Ce qu'aux Français naguère il ne refusait pas :

Le bonheur de mourir dans un jour de victoire.

Ah ! ne les pleurons pas ! sur leurs fronts triomphans

La palme de l'honneur n'a pas été flétrie ;

Pleurons sur nous , Français , pleurons sur la patrie :

L'orgueil et l'intérêt divisent ses enfans.

Quel siècle en trahisons fut jamais plus fertile ?

L'amour du bien commun de tous les cœurs s'exile :

La timide amitié n'a plus d'épanchemens ;

On s'évite , on se craint ; la foi n'a plus d'asile ,

Et s'enfuit d'épouvante au bruit de nos sermens.

O vertige fatal ! déplorables querelles

Qui livrent nos foyers au fer de l'étranger !

Le glaive étincelant dans nos mains infidèles ,

Ensanglante le sein qu'il devrait protéger.

L'ennemi cependant renverse les murailles

De nos forts et de nos cités ;

La foudre tonne encor, au mépris des traités.

L'incendie et les funérailles

Épouvantent encor nos hameaux dévastés ;

D'avides proconsuls dévorent nos provinces ;

Et, sous l'écharpe blanche, ou sous les trois couleurs,

Les Francais, disputant pour le choix de leurs princes,

Détrônent des drapeaux et proscrivent des fleurs.

Des soldats de la Germanie

J'ai vu les coursiers vagabonds

Dans nos jardins pompeux errer sur les gazons,

Parmi ces demi-dieux qu'enfanta le génie.

J'ai vu des bataillons, des tentes et des chars,

Et l'appareil d'un camp dans le temple des arts.

Faut-il, muets témoins, dévorer tant d'outrages?

Faut-il que le Français, l'olivier dans la main,

Reste insensible et froid comme ces dieux d'airain

  Dont ils insultent les images?

Nous devons tous nos maux à ces divisions

  Que nourrit notre intolérance.

Il est tems d'immoler au bonheur de la France

Cet orgueil ombrageux de nos opinions.

Étouffons le flambeau des guerres intestines.

Soldats, le ciel prononce, il relève les lis :

Adoptez les couleurs du héros de Bovines,

En donnant une larme aux drapeaux d'Austerlitz.

France, réveille-toi! qu'un courroux unanime

Enfante des guerriers autour du souverain!

Divisés, désarmés, le vainqueur nous opprime :

Présentons-lui la paix, les armes à la main.

Et vous, peuples si fiers du trépas de nos braves,

Vous, les témoins de notre deuil,

Ne croyez pas, dans votre orgueil,

Que, pour être vaincus, les Français soient esclaves.

Gardez-vous d'irriter nos vengeurs à venir;

Peut-être que le Ciel, lassé de nous punir,

Seconderait notre courage;

Et qu'un autre Germanicus

Irait demander compte aux Germains d'un autre âge

De la défaite de Varus.

SECONDE

MESSENIENNE.

SECONDE

MESSÉNIENNE.

LA DÉVASTATION DU MUSÉE
ET DES MONUMENS.

La sainte vérité qui m'échauffe et m'inspire

Écarte et foule aux pieds les voiles imposteurs :

Ma muse de nos maux flétrira les auteurs,

    Dussé-je voir briser ma lyre

Par le glaive insolent de nos libérateurs.

Où vont ces chars pesans conduits par leurs cohortes?

Sous les voûtes du Louvre ils marchent à pas lents :

Ils s'arrêtent devant ses portes ;

Viennent-ils lui ravir ses sacrés ornemens ?

Muses, penchez vos têtes abattues :

Du siècle de Léon les chefs-d'œuvre divins

Sous un ciel sans clarté suivront les froids Germains ;

Les vaisseaux d'Albion attendent nos statues.

Des profanateurs inhumains

Vont-ils anéantir tant de veilles savantes ?

Porteront-ils le fer sur les toiles vivantes

Que Raphaël anima de ses mains ?

Dieu du jour, Dieu des vers, ils brisent ton image

C'en est fait : la victoire et la divinité

Ne couronnent plus ton visage

D'une double immortalité.

C'en est fait : loin de toi jette un arc inutile.

Non, tu n'inspiras point le vieux chantre d'Achille ;

Non, tu n'es pas le dieu qui vengea les neuf Sœurs

Des fureurs d'un monstre sauvage,

Toi qui n'as pas un trait pour venger ton outrage

Et terrasser tes ravisseurs.

Le deuil est aux bosquets de Gnide.

Muet, pâle et le front baissé,

L'Amour, que la guerre intimide,

Éteint son flambeau renversé.

Des Grâces la troupe légère

L'interroge sur ses douleurs ;

Il leur dit, en versant des pleurs :

« J'ai vu Mars outrager ma mère. * »

* La Vénus de Médicis.

Je crois entendre encor les clameurs des soldats

Entraînant la jeune immortelle :

Le fer a mutilé ses membres délicats ;

Hélas ! elle semblait, et plus chaste et plus belle ,

Cacher sa honte entre leurs bras.

Dans un fort pris d'assaut , telle une vierge en larmes ,

Aux yeux des forcenés dont l'insolente ardeur

Déchira les tissus qui dérobaient ses charmes ,

Se voile encor de sa pudeur.

Adieu , débris fameux de Grèce et d'Ausonie ,

Et vous , tableaux errans de climats en climats ;

Adieu , Corrége , Albane , immortel Phidias ,

Adieu , les arts et le génie !

Noble France , pardonne ! A tes pompeux travaux ,

Aux Pujet, aux Lebrun, ma douleur fait injure.

David a ramené son siècle à la nature :

Parmi ses nourrissons il compte des rivaux...

Laissons-la s'élever cette école nouvelle !

Le laurier de David de lauriers entouré,

Fier de ses rejetons, enfante un bois sacré

Qui protège les arts de son ombre éternelle.

Le marbre animé parle aux yeux :

Une autre Vénus plus féconde,

Près d'Hercule victorieux,

Étend son flambeau sur le monde.

Ajax, de son pied furieux,

Insulte au flot qui se retire ;

L'œil superbe, un bras dans les cieux,

Il s'élance, et je l'entends dire :

« J'échapperai malgré les dieux. »

Mais quels monceaux de morts! que de spectres livides!

Ils tombent dans Jaffa ces vieux soldats français

Qui réveillaient naguère, au bruit de leurs succès,

Les siècles entassés au fond des Pyramides.

    Ah! fuyons ces bords meurtriers!

D'où te vient, Austerlitz, l'éclat qui t'environne?

Qui dois-je couronner du peintre ou des guerriers?

Les guerriers et le peintre ont droit à la couronne.

Des chefs-d'œuvre français naissent de toutes parts;

Ils surprennent mon cœur à d'invincibles charmes·

Au Déluge, en tremblant, j'applaudis par mes larmes;

    Didon enchante mes regards;

Versant sur un beau corps sa clarté caressante,

A travers le feuillage un faible et doux rayon

     Porte les baisers d'une amante

     Sur les lèvres d'Endymion;

De son flambeau vengeur Némésis m'épouvante!

Je frémis avec Phèdre, et n'ose interroger

L'accusé dédaigneux qui semble la juger.

Je vois Léonidas. O courage! ô patrie!

Trois cents héros sont morts dans ce détroit fameux;

Trois cents! quel souvenir!...Je pleure...et je m'écrie:

Dix-huit mille Français ont expiré comme eux!

Oui, j'en suis fier encor : ma patrie est l'asile,

     Elle est le temple des beaux-arts :

     A l'ombre de nos étendards,

Ils reviendront ces dieux que la fortune exile.

L'étranger qui nous trompe écrase impunément

La justice et la foi sous le glaive étouffées;

Il ternit pour jamais sa splendeur d'un moment;

Il triomphe en barbare et brise nos trophées.

    Que cet orgueil est misérable et vain!

Croit-il anéantir tous nos titres de gloire?

On peut les effacer sur le marbre ou l'airain;

Qui les effacera du livre de l'histoire?

Ah! tant que le soleil luira sur vos états,

Il en doit éclairer d'impérissables marques:

Comment disparaîtront, ô superbes monarques,

Ces champs où les lauriers croissaient pour nos soldats?

Allez, détruisez donc tant de cités royales,

Dont les clés d'or suivaient nos pompes triomphales;

    Comblez ces fleuves écumans

Qui nous ont opposé d'impuissantes barrières;

Aplanissez ces monts dont les rochers fumans

Tremblaient sous nos foudres guerrières.

Voilà nos monumens : c'est là que nos exploits

Redoutent peu l'orgueil d'une injuste victoire :

Le fer, le feu, le tems plus puissant que les rois,

Ne peut rien contre leur mémoire.

TROISIEME

MESSENIENNE.

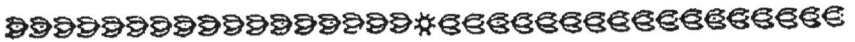

TROISIÈME

MESSÉNIENNE.

DU BESOIN DE S'UNIR

APRÈS LE DÉPART DES ÉTRANGERS.

O TOI que l'univers adore,

O toi que maudit l'univers,

Fortune, dont la main, du couchant à l'aurore,

Dispense les lauriers, les sceptres et les fers,

5.

Ton aveugle courroux nous garde-t-il encore

Des triomphes et des revers?

Nos malheurs trop fameux proclament ta puissance .

Tes jeux furent sanglans dans notre belle France :

Le peuple mieux instruit, mais trop fier de ses droits ,

Sur les débris du trône établit son empire ,

Poussa la liberté jusqu'au mépris des lois ,

Et la raison jusqu'au délire.

Bientôt au premier rang porté par ses exploits ,

Un roi nouveau brisa d'un sceptre despotique

Les faisceaux de la république ,

Tout dégouttans du sang des rois.

Pour affermir son trône , il lassa la victoire ,

D'un peuple généreux prodigua la valeur ;

L'Europe qu'il bravait a fléchi sous sa gloire :

    Elle insulte à notre malheur.

C'est qu'ils ne vivent plus que dans notre mémoire

Ces guerriers dont le Nord a moissonné la fleur.

O désastre ! ô pitié ! jour à jamais célèbre,

Où ce cri s'éleva dans la patrie en deuil :

Ils sont morts, et Moscow fut le flambeau funèbre

Qui prêta ses clartés à leur vaste cercueil.

Ces règnes d'un moment, et les chutes soudaines

De ces trônes d'un jour l'un sur l'autre croulans,

Ont laissé des levains de discorde et de haines

    Dans nos esprits plus turbulens.

Cessant de comprimer la fièvre qui l'agite,

Le fier républicain, sourd aux leçons du tems,

Appelle avec fureur, dans ses rêves ardens,

Une liberté sans limite;

Mais cette liberté fut féconde en forfaits :

Cet océan trompeur qui n'a point de rivages

N'est connu jusqu'à nous que par de grands naufrages

Dans les annales des Français.

« Que nos maux, direz-vous, nous soient du moins utiles

« Opposons une digue aux tempêtes civiles;

« Que deux pouvoirs rivaux, l'un émané des rois,

« L'autre sorti du peuple et garant de ses droits,

« Libres et dépendans, offrent au rang suprême

« Un rempart contre nous, un frein contre lui-même.»

Vainement la raison vous dicte ces discours;

L'égoïsme et l'orgueil sont aveugles et sourds :

Cet amant du passé, que le présent irrite,

Jaloux de voir ses rois d'entraves dégagés,

    Le front baissé, se précipite

    Sous la verge des préjugés.

Quoi ! toujours des partis proclamés légitimes,

    Tant qu'ils règnent sur nos débris,

L'un par l'autre abattus, proscrivant ou proscrits,

    Tour-à-tour tyrans ou victimes !

Empire malheureux, voilà donc ton destin !....

Français, ne dites plus : «La France nous est chère;»

Elle désavoûrait votre amour inhumain.

Cessez, enfans ingrats, d'embrasser votre mère,

    Pour vous étouffer dans son sein.

Contre ses ennemis tournez votre courage ;

Au conseil des vainqueurs son sort est agité :

Ces rois qui l'encensaient, fiers de leur esclavage ,

 Vont lui vendre la liberté.

Non , ce n'est pas en vain que sa voix nous appelle ;

Et, s'ils ont prétendu, par d'infâmes traités ,

Imprimer sur nos fronts une tache éternelle ;

Si de leur doigt superbe ils marquent les cités

Que veut se partager une ligue infidèle ;

Si la foi des sermens n'est qu'un garant trompeur ;

Si, le glaive à la main, l'iniquité l'emporte ;

Si la France n'est plus , si la patrie est morte ,

Mourons tous avec elle , ou rendons-lui l'honneur.

Qu'entends-je ? et d'où vient cette ivresse

Qui semble croître dans son cours ?

Quels chants, quels transports d'alégresse !

Quel bruyant et nombreux concours !

De nos soldats la foule au loin se presse ;

D'une nouvelle ardeur leurs yeux sont embrasés ;

Plus d'Anglais parmi nous ! plus de joug ! plus d'entraves !

Levez plus fièrement vos fronts cicatrisés...

Oui, l'étranger s'éloigne ; oui, vos fers sont brisés ;

Soldats, vous n'êtes plus esclaves !

Reprends ton orgueil,

Ma noble patrie ;

Quitte enfin ton deuil,

Liberté chérie ;

Liberté, patrie,

Sortez du cercueil !...

D'un vainqueur insolent méprisons les injures ;

Riches des étendards conquis sur nos rivaux ,

Nous pouvons à leurs yeux dérober nos blessures ,

En les cachant sous leurs drapeaux.

Voulons-nous enchaîner leurs fureurs impuissantes ?

Soyons unis , Français ; nous ne les verrons plus

Nous dicter d'Albion les décrets absolus ,

Arborer sur nos tours ses couleurs menaçantes.

Nous ne les verrons plus , le front ceint de lauriers ,

Troublant de leur aspect les fêtes du génie ,

Chez Melpomène et Polymnie

Usurper une place où siégeaient nos guerriers.

Nous ne les verrons plus nous accorder par grâce

Une part des trésors flottans sur nos sillons.

Soyons unis ; jamais leurs bataillons

De nos champs envahis ne couvriront la face :

La France dans son sein ne les peut endurer,

Et ne les recevrait que pour les dévorer.

Ah ! ne l'oublions pas ; naguère dans ces plaines

    Où le sort nous abandonna,

Nous n'avions pas porté des âmes moins romaines

Qu'aux champs de Rivoli, de Fleurus, d'Iéna ;

Mais nos divisions nous y forgeaient des chaînes.

Effrayante leçon qui doit unir nos cœurs

    Par des liens indestructibles :

    Le courage fait des vainqueurs ;

    La concorde, des invincibles.

Henri, divin Henri, toi qui fus grand et bon,

Qui chassas l'Espagnol et finis nos misères,

Les partis sont d'accord en prononçant ton nom;

Henri, de tes enfans fais un peuple de frères.

Ton image déjà semble nous protéger,

Tu renais; avec toi renaît l'indépendance :

O roi le plus français dont s'honore la France,

Il est dans ton destin de voir fuir l'étranger !

Et toi, son digne fils, après vingt ans d'orage,

Règne sur des sujets par toi-même ennoblis.

Leurs droits sont consacrés dans ton plus bel ouvrage.

Oui, ce grand monument, affermi d'âge en âge,

Doit couvrir de son ombre et le peuple et les lis.

Il est des opprimés l'asile impérissable,

La terreur du tyran, du ministre coupable,

    Le temple de nos libertés.

Que la France prospère en tes mains magnanimes,

Que tes jours soient sereins, tes décrets respectés,

    Toi, qui proclames ces maximes :

O rois, pour commander, obéissez aux lois;

Peuple, en obéissant, sois libre sous tes rois!

QUATRIÈME

MESSÉNIENNE.

LA CONSTANCE

QUI LAISSOIT LE ... ... DANS LA MOLLESSE
TANDIS QUE LE MAL ... ... RONGEAIT SON ...
L'INGRAT IL ... ... AUX ... DE ... NE MAITRESSE
LA VIERGE QUI MOURRAIT POUR ...

QUATRIÈME

MESSENIENNE.

LA VIE DE JEANNE D'ARC.

Un jour que l'Océan gonflé par la tempête,

Réunissant les eaux de ses fleuves divers,

Fier de tout envahir, marchait à la conquête

De ce vaste univers;

Une voix s'éleva du milieu des orages,

Et Dieu, de tant d'audace invisible témoin,

Dit aux flots étonnés : « Mourez sur ces rivages,

« Vous n'irez pas plus loin. »

Ainsi, quand tourmentés d'une impuissante rage,

Les soldats de Bedfort, grossis par leurs succès,

Menaçaient d'un prochain naufrage

Le royaume et le nom français,

Une femme, arrêtant ces bandes formidables,

Se montra dans nos champs de leur foule inondés,

Et ce torrent vainqueur expira dans les sables

Que naguère il couvrait de ses flots débordés.

Une femme paraît, une vierge, un héros :

Elle arrache son maître aux langueurs du repos.

La France qui gémit se réveille avec peine,

Voit son trône abattu, voit ses champs dévastés,

Se lève en secouant sa chaîne,

Et rassemble à ce bruit ses enfans irrités.

Qui t'inspira, jeune et faible bergère,

D'abandonner la houlette légère

Et les tissus commencés par ta main?

Ta sainte ardeur n'a pas été trompée;

Mais quel pouvoir brise sous ton épée

Les cimiers d'or et les casques d'airain?

L'aube du jour voit briller ton armure,

L'acier pesant couvre ta chevelure,

Et des combats tu cours braver le sort.

Qui t'inspira de quitter ton vieux père,

De préférer aux baisers de ta mère

L'horreur des camps, le carnage et la mort?

C'est Dieu qui l'a voulu, c'est le dieu des armées,

Qui regarde en pitié les pleurs des malheureux;

C'est lui qui délivra nos tribus opprimées

    Sous le poids d'un joug rigoureux;

C'est lui, c'est l'Éternel, c'est le dieu des armées!

L'ange exterminateur bénit ton étendard;

Il mit dans tes accens un son mâle et terrible,

La force dans ton bras, la mort dans ton regard,

Et dit à la brebis paisible :

Va déchirer le léopard.

Richemont, la Hire, Xaintrailles,

Dunois, et vous, preux chevaliers,

Suivez ses pas dans les batailles;

Couvrez-la de vos boucliers,

Couvrez-la de votre vaillance;

Soldats, c'est l'espoir de la France

Que votre roi vous a commis.

Marchez quand sa voix vous appelle,

Car la victoire est avec elle ;

La fuite avec ses ennemis.

Apprenez d'une femme à forcer des murailles ,

A gravir leurs débris sous des feux dévorans ,

A terrasser l'Anglais , à porter dans ses rangs

Un bras fécond en funérailles !

Honneur à ses hauts faits ! guerriers, honneur à vous

Chante, heureuse Orléans , les vengeurs de la Franc¢

Chante ta délivrance :

Les assaillans nombreux sont tombés sous leurs coup:

Que sont-ils devenus ces conquérans sauvages

Devant le fer vainqueur qui combattait pour nous?...

  Ce que deviennent des nuages

D'insectes dévorans dans les airs rassemblés ,

Quand un noir tourbillon élancé des montagnes

Disperse en tournoyant ces bataillons ailés ,

  Et fait pleuvoir sur nos campagnes

  Leurs cadavres amoncelés.

  Aux yeux d'un ennemi superbe

  Le lis a repris ses couleurs ;

  Ses longs rameaux courbés sous l'herbe

  Se relèvent couverts de fleurs.

Jeanne au front de son maître a posé la couronne.

A l'attrait des plaisirs qui retiennent ses pas

La noble fille l'abandonne :

Délices de la cour, vous n'enchaînerez pas

L'ardeur d'une vertu si pure ;

Des armes, voilà sa parure,

Et ses plaisirs sont les combats.

Ainsi tout prospérait à son jeune courage.

Dieu conduisit deux ans ce merveilleux ouvrage.

Il se plut à récompenser,

Pour la France et ses rois, son amour idolâtre.

Deux ans il la soutint sur ce brillant théâtre,

Pour apprendre aux Anglais qu'il voulait abaisser,

Que la France jamais ne périt toute entière ;

Que, son dernier vengeur fût-il dans la poussière ;

Les femmes, au besoin, pourraient les en chasser.

CINQUIÈME

MESSÉNIENNE.

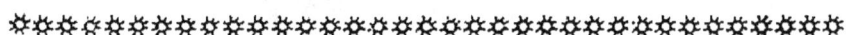

✻✻

CINQUIÈME

MESSÉNIENNE.

LA MORT DE JEANNE D'ARC.

• • • • • • • •

Silence au camp! la vierge est prisonnière ;
Par un injuste arrêt Bedfort croit la flétrir :
Jeune encore, elle touche à son heure dernière....
Silence au camp! la vierge va périr.

Des pontifes divins, vendus à la puissance,

Sous les subtilités des dogmes ténébreux,

    Ont accablé son innocence.

Les Anglais commandaient ce sacrifice affreux :

Un prêtre en cheveux blancs ordonna le supplice.

Et c'est au nom d'un dieu par lui calomnié,

D'un dieu de vérité, d'amour et de justice,

Qu'un prêtre fut perfide, injuste et sans pitié.

Dieu, quand ton jour viendra, quel sera le partage

    Des pontifes persécuteurs ?

Oseront-ils prétendre au céleste héritage

    De l'innocent dont ils ont bu les pleurs ?

Ils seront rejetés, ces pieux imposteurs,

Qui font servir ton nom de complice à leur rage,

Et t'offrent pour encens la vapeur du carnage.

A qui réserve-t-on ces apprêts meurtriers?

    Pour qui ces torches qu'on excite?

    L'airain sacré tremble et s'agite...

D'où vient ce bruit lugubre, où courent ces guerriers

Dont la foule à longs flots roule et se précipite?

    La joie éclate sur leurs traits,

    Sans doute l'honneur les enflamme;

Ils vont pour un assaut former leurs rangs épais :

Non , ces guerriers sont des Anglais ,

Qui vont voir mourir une femme.

Qu'ils sont nobles dans leur courroux !

Qu'il est beau d'insulter au bras chargé d'entraves !

La voyant sans défense , ils s'écriaient , ces braves :

Quelle meure ; elle a contre nous

Des esprits infernaux suscité la magie...

Lâches ! que lui reprochez-vous ?

D'un courage inspiré la brûlante énergie ,

L'amour du nom français , le mépris du danger ,

Voilà sa magie et ses charmes ;

En faut-il d'autres que des armes

Pour combattre , pour vaincre et punir l'étranger ?

Du Christ avec ardeur Jeanne baisait l'image ;

Ses longs cheveux épars flottaient au gré des vents :

Au pied de l'échafaud, sans changer de visage,

    Elle s'avançait à pas lents.

Tranquille, elle y monta ; quand, debout sur le faîte,

Elle vit ce bûcher qui l'allait dévorer,

Les bourreaux en suspens, la flamme déjà prête,

Sentant son cœur faillir, elle baissa la tête

    Et se prit à pleurer.

Ah ! pleure, fille infortunée !

Ta jeunesse va se flétrir,

Dans sa fleur trop tôt moissonnée !

Adieu, beau ciel, il faut mourir.

Ainsi qu'une source affaiblie,

Près du lieu même où naît son cours,

Meurt en prodiguant ses secours

Au berger qui passe et l'oublie.

Ainsi, dans l'âge des amours,

Finit ta chaste destinée,

Et tu péris abandonnée

Par ceux dont tu sauvas les jours.

Tu ne reverras plus tes riantes montagnes,

Le temple, le hameau, les champs de Vaucouleur:

Et ta chaumière, et tes compagnes,

Et ton père expirant sous le poids des douleurs.

Chevaliers, parmi vous qui combattra pour elle?

N'osez-vous entreprendre une cause si belle?

Quoi! vous restez muets! aucun ne sort des rangs!

Aucun pour la sauver ne descend dans la lice!

Puisqu'un forfait si noir les trouve indifférens,

Tonnez, confondez l'injustice,

Cieux, obscurcissez-vous de nuages épais;

Eteignez sous leurs flots les feux du sacrifice,

Ou guidez au lieu du supplice,

A défaut du tonnerre, un chevalier français.

Après quelques instans d'un horrible silence,

Tout à coup le feu brille, il s'irrite, il s'élance....

Le cœur de la guerrière alors s'est ranimé ;

A travers les vapeurs d'une fumée ardente ,

Jeanne , encor menaçante ,

Montre aux Anglais son bras à demi consumé.

Pourquoi reculer d'épouvante ,

Anglais ? son bras est désarmé.

La flamme l'environne , et sa voix expirante

Murmure encore : ô France ! ô mon roi bien aimé !

Que faisait-il ce roi ? Plongé dans la mollesse ,

Tandis que le malheur réclamait son appui ;

L'ingrat, il oubliait aux pieds d'une maîtresse ,

La vierge qui mourait pour lui !

Ah ! qu'une page si funeste

De ce règne victorieux ,

Pour n'en pas obscurcir le reste ,

S'efface sous les pleurs qui tombent de nos yeux !

Qu'un monument s'élève aux lieux de ta naissance ,

O toi qui des vainqueurs renversas les projets !

La France y portera son deuil et ses regrets ,

   Sa tardive reconnaissance ;

Elle y viendra gémir sous de jeunes cyprès :

Puissent croître avec eux ta gloire et sa puissance !

Que sur l'airain funèbre on grave des combats ,

Des étendards anglais fuyant devant tes pas ,

Dieu vengeant par tes mains la plus juste des causes.

Venez, jeunes beautés , venez , braves soldats ,

Semez sur son tombeau les lauriers et les roses !

Qu'un jour le voyageur, en parcourant ces bois,

Cueille un rameau sacré, l'y dépose et s'écrie :

« A celle qui sauva le trône et la patrie,

« Et n'obtint qu'un tombeau pour prix de ses exploits.

Notre armée au cercueil eut mon premier hommage ;

Mon luth chante aujourd'hui les vertus d'un autre âge :

Ai-je trop présumé de ses faibles accens ?

　　　　Pour célébrer tant de vaillance,

Sans doute il n'a rendu que des sons impuissans ;

Mais, poète et Français, j'aime à vanter la France.

Qu'elle accepte en tribut de périssables fleurs.

Malheureux de ses maux et fier de ses victoires,

Je dépose à ses pieds ma joie ou mes douleurs :

  J'ai des chants pour toutes ses gloires,

  Des larmes pour tous ses malheurs.

SIXIÈME

MESSÉNIENNE.

6ᵐᵉ MESSÉNIENNE.

IL CHANTAIT, IL PLEURAIT, QUAND D'UNE TOUR VOISINE
UN MUSULMAN SE LÈVE IL COURT IL EST ARMÉ.

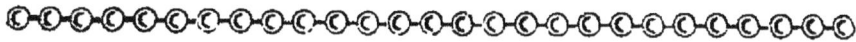

SIXIÈME
MESSÉNIENNE.

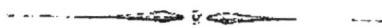

LE JEUNE DIACRE,

ou

LA GRÈCE CHRÉTIENNE.

A M. POUQUEVILLE. *

De Messène au cercueil fille auguste et plaintive,

Muse des grands revers et des nobles douleurs,

---

* Ce récit dont le fond est véritable, appartient au Voyage
de M. Pouqueville. Il est simple et touchant dans sa prose,
et le lecteur y trouvera peut-être quelque charme, s'il n'a
pas trop perdu dans mes vers.

Désertant ton berceau, tu pleuras nos malheurs;

Comme la Grèce alors la France était captive...

De Messène au cercueil fille auguste et plaintive,

Reviens sur ton berceau, reviens verser des pleurs.

Entre le mont Évan et le cap de Ténare,

La mer baigne les murs de la triste Coron;

Coron, nom malheureux, nom moderne et barbare,

Et qui de Colonis détrôna le beau nom.

Les Grecs ont tout perdu : la langue de Platon,

La palme des combats, les arts et leurs merveilles,

Tout, jusqu'aux noms divins qui charmaient nos oreilles

Ces murs battus des eaux, à demi renversés

Par le choc des boulets que Venise a lancés,

C'est Coron. Le croissant en dépeupla l'enceinte ;

Le Turc y règne en paix au milieu des tombeaux.

Voyez-vous ces turbans errer sur les créneaux ?

Du profane étendard qui chassa la croix sainte,

Voyez-vous, sur les tours, flotter les crins mouvans ?

Entendez-vous de loin la voix de l'infidèle,

Qui se mêle au bruit sourd de la mer et des vents ?

Il veille, et le mousquet dans ses mains étincelle.

Au bord de l'horison le soleil suspendu,

Regarde cette plage, autrefois florissante,

Comme un amant en deuil, qui, pleurant son amante,

Cherche encor dans ses traits l'éclat qu'ils ont perdu,

Et trouve, après la mort, sa beauté plus touchante.

Que cet astre, à regret, s'arrache à ses amours !

Que la brise du soir est douce et parfumée !

Que des feux d'un beau jour la mer brille enflammée !

Mais pour un peuple esclave il n'est plus de beaux jours.

Qu'entends-je ? c'est le bruit de deux rames pareilles,

Ensemble s'élevant, tombant d'un même effort,

Qui de leur chute égale ont frappé mes oreilles.

Assis dans un esquif, l'œil tourné vers le bord,

Un jeune homme, un chrétien, glisse sur l'onde amère

Il remplit dans le temple un humble ministère :

Ses soins parent l'autel : debout sur les degrés,

Il fait fumer l'encens, répond aux mots sacrés,

Et présente le vin durant le saint mystère.

Les rames de sa main s'échappent à la fois ;

Un luth qui les remplace a frémi sous ses doigts.

Il chante... Ainsi chantaient David et les prophètes ;

Ainsi, troublant le cœur des pâles matelots,

Un cri sinistre et doux retentit sur les flots,

Quand l'Acyon gémit au milieu des tempêtes :

« Beaux lieux, où je n'ose m'asseoir,

« Pour vous chanter dans ma nacelle,

« Au bruit des vagues, chaque soir,

« J'accorde ma lyre fidèle,

« Et je pleure sur nos revers,

« Comme les Hébreux dans les fers,

« Quand Sion descendit du trône,

« Pleuraient au pied des saules verts,

« Près les fleuves de Babylone.

« Mais dans les fers, Seigneur, ils pouvaient t'adorer ;

« Du tombeau de leur père ils parlaient sans alarmes ;

« Souffrant ensemble , ensemble ils pouvaient espérer

« Il leur était permis de confondre leurs larmes ;

« Et je m'exile pour pleurer.

« Le ministre de ta colère

« Prive la veuve et l'orphelin

« Du dernier vêtement de lin

« Qui sert de voile à leur misère.

« De leurs mains il reprend encor ,

« Comme un vol fait à son trésor ,

« Un épi glané dans nos plaines ;

« Et nous ne buvons qu'à prix d'or

« L'eau qui coule de nos fontaines.

« De l'or ! ils l'ont ravi sur nos autels en deuil ;

« Ils ont brisé des morts la pierre sépulcrale ,

« Et de la jeune épouse écartant le linceuil ,

« Arraché de son doigt la bague nuptiale

 « Qu'elle emporta dans le cercueil.

« O nature , ta voix si chère

« S'éteint dans l'horreur du danger ;

« Sans accourir pour le venger ,

« Le frère voit frapper son frère ;

« Aux tyrans qu'il n'attendait pas ,

« Le vieillard livre le repas

« Qu'il a dressé pour sa famille ;

« Et la mère , au bruit de leurs pas ,

« Maudit la beauté de sa fille.

« Le lévite est en proie à leur férocité ;

« Ils flétrissent la fleur de son adolescence ,

« Ou , si d'un saint courroux son cœur s'est révolté ,

« Chaste victime , il tombe avec son innocence

     « Sous le bâton ensanglanté.

     « Les rois , quand il faut nous défendre ,

     « Sont avares de leurs soldats.

     « Ils se disputent des états,

     « Des peuples , des cités en cendre ;

     « Et tandis que , sous les couteaux ,

     « Le sang chrétien , à longs ruisseaux ,

     « Inonde la terre où nous sommes :

     « Comme on partage des troupeaux ,

     « Les rois se partagent des hommes.

« Un récit qui s'efface , ou quelques vains discours ,

« A des indifférens parlent de nos misères ,

« Amusent de nos pleurs l'oisiveté des cours :

« Et nous sommes chrétiens, et nous avons des frères,

 « Et nous expirons sans secours !

 « L'oiseau des champs trouve un asile

« Dans le nid qui fut son berceau ,

« Le chevreuil sous un arbrisseau ,

« Dans un sillon le lièvre agile ;

« Effrayé par un léger bruit ,

« Le ver qui serpente et s'enfuit

« Sous l'herbe ou la feuille qui tombe ,

« Echappe au pied qui le poursuit...

« Notre asile à nous , c'est la tombe !

« Heureux qui meurt chrétien! Grand Dieu, leur cruaut

« Veut convertir les cœurs par le glaive et les flammes,

« Dans le temple où tes saints prêchaient la vérité ,

« Où de leur bouche d'or descendaient dans nos âmes

« L'espérance et la charité.

« Sur ce rivage , où des idoles

« S'éleva l'autel réprouvé ,

« Ton culte pur s'est élevé

« Des semences de leurs paroles.

« Mais cet arbre , enfant des déserts ,

« Qui doit ombrager l'univers ,

« Fleurit pour nous sur des ruines ,

« Ne produit que des fruits amers ,

« Et meurt tranché dans ses racines.

« O Dieu ! la Grèce , libre en ses jours glorieux ,

« N'adorait pas encor ta parole éternelle ;

« Chrétienne, elle est au fers, elle invoque les cieux.

« Dieu vivant, seul vrai Dieu, feras-tu moins pour elle

    « Que Jupiter et ses faux dieux ?»

Il chantait , il pleurait , quand d'une tour voisine

Un musulman se lève , il court , il est armé.

Le turban du soldat sur son mousquet s'incline ,

L'étincelle jaillit , le salpêtre a fumé ,

L'air siffle , un cri s'entend... l'hymne pieux expire.

Ce cri , qui l'a poussé ? Vient-il de ton esquif ?

Est-ce toi qui gémis , Lévite ? est-ce ta lyre

Qui roule de tes mains avec ce bruit plaintif ?

Mais de la nuit déjà tombait le voile sombre :

La barque , se perdant sous un épais brouillard ,

Et sans rame et sans guide errait comme au hasard ;

Elle resta muette et disparut dans l'ombre.

La nuit fut orageuse. Aux premiers feux du jour,

Du golfe avec terreur mesurant l'étendue,

Un vieillard attendait, seul, au pied de la tour.

Sous des flocons d'écume un luth frappe sa vue,

Un luth qu'un plomb mortel semble avoir traversé,

Qui n'a plus qu'une corde à demi détendue,

Humide et rouge encor d'un sang presque effacé.

Il court vers ce débris, il se baisse, il le touche...

D'un frisson douloureux soudain son corps frémit ;

Sur les tours de Coron il jette un œil farouche,

Veut crier... la menace expire dans sa bouche :

Il tremble à leur aspect, se détourne et gémit.

Mais du poids qui l'oppresse enfin son cœur se lasse ;

Il fuit les yeux cruels qui gênent ses douleurs ;

Et regardant les cieux , seuls témoins de ses pleurs,

Le long des flots bruyans il murmure à voix basse :

« Je t'attendais hier , je t'attendis long-tems ;

« Tu ne reviendras plus, et c'est toi qui m'attends! »

SEPTIÈME

MESSÉNIENNE.

SEPTIÈME

MESSÉNIENNE.

PARTHÉNOPE ET L'ÉTRANGÈRE.

. . . .

O femme, que veux-tu ? – Parthénope, un asile.

–Quel est ton crime?–Aucun.–Qu'as-tu fait ?–Des ingrats.

–Quels sont tes ennemis?–Ceux qu'affranchit mon bras.

Hier on m'adorait, aujourd'hui l'on m'exile.

– Comment dois-tu payer mon hospitalité?

Par des périls d'un jour et des lois éternelles.

— Qui t'osera poursuivre au sein de ma cité ?

—Des rois.—Quand viendront-ils?—Demain.—De quel côté

—De tous...Eh bien! pour moi tes portes s'ouvrent-elles?

— Entre, quel est ton nom ? — Je suis la Liberté !

Recevez-là, remparts antiques,

Par elle autrefois habités ;

Au rang de vos divinités

Recevez-la, sacrés portiques ;

Levez-vous, ombres héroïques,

Faites cortège à ses côtés.

Beau ciel napolitain, rayonne d'allégresse ;

O terre, enfante des soldats ;

Et vous, peuples, chantez ; peuples, c'est la déesse

Pour qui mourut Léonidas.

Sa tête a dédaigné les ornemens futiles :

Les siens sont quelques fleurs qui semblent s'entr'ouvrir.

Le sang les fit éclore au pied des Thermopyles :

    Deux mille ans n'ont pu les flétrir.

Sa couronne immortelle exhale sur sa trace

Je ne sais quel parfum dont s'enivre l'audace ;

Sa voix terrible et douce a des accens vainqueurs,

    Qui ne trouvent point de rebelle ;

Ses yeux d'un saint amour font palpiter les cœurs,

    Et la vertu seule est plus belle.

Le peuple se demande, autour d'elle arrêté,

Comment elle a des rois encouru la colère.

« Hélas ! répond cette noble étrangère,

    « Je leur ai dit la vérité.

« Si jamais sous mon nom l'imprudence ou la haine

«Ébranla leur pouvoir, que je veux contenir,

   « Est-ce à moi d'en porter la peine ?

   « Est-ce aux Germains à m'en punir ?

« Ont-ils donc oublié, ces vaincus de la veille,

« Ces esclaves d'hier, aujourd'hui vos tyrans,

« Que leurs cris de détresse ont frappé mon oreille,

« Qu'auprès d'Arminius j'ai marché dans leurs rangs ?

« Seule, j'ai rallié leurs peuplades tremblantes,

« Et, de la Germanie armant les défenseurs,

« J'ai creusé de mes mains, dans ses neiges sanglantes,

   « Un lit de mort aux oppresseurs.

« Vengez-moi, justes Dieux qui voyez mes outrages.

« Puisse le souvenir de mes bienfaits passés

« Poursuivre ces ingrats par l'effroi dispersés !

« Puissent les fils d'Odin errans sur les nuages, `

    « Le front chargé d'orages,

« La nuit leur apparaître à la lueur des feux,

« Et puissent les débris des légions romaines,

    « Dont j'ai blanchi leurs plaines,

    « Se lever devant eux !

« Que dis-je? Rome entière est-elle ensevelie

    « Dans la poudre de leurs sillons?

« Mon pied, frappant le sein de l'antique Italie,

    « En fait jaillir des bataillons.

« Rome, ne sens-tu pas, au fond de tes entrailles,

    « S'agiter les froids ossemens

« Des guerriers citoyens, que tant de funérailles

    « Ont couchés sous tes monumens?

« Génois, brisez vos fers; la mer impatiente

« De vous voir secouer un indigne repos,

« Se gonfle avec orgueil sous la forêt flottante,

 « Où vous arborez mes drapeaux.

« Veuve des Médicis, renais, noble Florence !

« Préfère à ton repos tes droits que je défends;

« Préfère à l'esclavage, où dorment tes enfans,

 « Ton orageuse indépendance.

« O fille de Neptune, ô Venise, ô cité

« Belle comme Vénus, et qui sortis comme elle

« De l'écume des flots, surpris de ta beauté,

« Épouvante Albion d'une splendeur nouvelle.

« Doge, règne en mon nom; sénat, reconnais-moi;

« Réveille-toi, Zéno ; Pisani, lève-toi :

    « C'est la Liberté qui t'appelle. »

Elle dit : à sa voix s'agite un peuple entier.

      Dans la fournaise ardente

      Je vois blanchir l'acier ;

      J'entends le fer crier

      Sous la lime mordante ;

L'enclume au loin gémit, l'airain sonne, un guerrier

Prépare à ce signal sa lance menaçante,

      Un autre son coursier.

Le père chargé d'ans, mais jeune encor d'audace,

Arme son dernier fils, le devance et prend place

      Au milieu des soldats.

Arrêté par sa sœur, qui rit de sa colère,

L'enfant dit à sa mère :

Je veux mourir dans les combats.

Que n'auraient-ils pas fait, ceux en qui la vaillance

Avait la force pour appui?

Quel homme dans la fuite eût mis son espérance,

Et quel homme aurait craint pour lui

Cette mort que cherchaient la vieillesse et l'enfance?

Ils s'écrièrent tous d'une commune voix :

« Assis sous ton laurier que nous courons défendre,

« Virgile, prends ta lyre et chante nos exploits;

« Jamais un oppresseur ne foulera ta cendre. »

Ils partirent alors ces peuples belliqueux,

Et trente jours plus tard, oppresseur et tranquille,

Le Germain triomphant s'enivrait avec eux

Au pied du laurier de Virgile.

La Liberté fuyait en détournant les yeux,

    Quand Parthénope la rappelle.

La déesse un moment s'arrête au haut des cieux;

    « Tu m'as trahie; adieu, dit-elle,

Je pars.–Quoi! pour toujours?–On m'attend.–Dans quel lieu?

– En Grèce. – On y suivra tes traces fugitives.

–J'aurai des défenseurs.–Là, comme sur mes rives,

On peut céder au nombre.–Oui, mais on meurt; adieu.

HUITIÈME

MESSÉNIENNE.

HUITIÈME

MESSÉNIENNE.

AUX RUINES DE LA GRÈCE PAYENNE.

O sommets de Taygète, ô rives du Pénée,

De la sombre Tempé vallons silencieux,

O campagnes d'Athène, ô Grèce infortunée,

Où sont pour t'affranchir tes guerriers et tes dieux?

Doux pays, que de fois ma muse en espérance

Se plut à voyager sous ton ciel toujours pur !

De ta paisible mer, où Vénus prit naissance,

Tantôt du haut des monts je contemplais l'azur,

Tantôt, cachant au jour ma tête ensevelie

    Sous tes bosquets hospitaliers,

J'arrêtais vers le soir, dans un bois d'oliviers,

    Un vieux pâtre de Thessalie.

« Des dieux de ce vallon contez-moi les secrets,

« Berger, quelle déesse habite ces fontaines?

« Voyez-vous quelquefois les nymphes des forêts

    « Entr'ouvrir l'écorce des chênes?

« Bacchus vient-il encor féconder vos coteaux?

« Ce gazon que rougit le sang d'un sacrifice,

« Est-ce un autel aux dieux des champs et des troupeaux,

    « Est-ce le tombeau d'Eurydice? »

Mais le pâtre répond par ses gémissemens :

C'est sa fille au cercueil qui dort sous ces bruyères;

Ce sang qui fume encor, c'est celui de ses frères

    Égorgés par les Musulmans.

O sommets de Taygète, ô rives du Pénée,

De la sombre Tempé vallons silencieux,

O campagnes d'Athène, ô Grèce infortunée,

Où sont pour t'affranchir tes guerriers et tes dieux?

« Quelle cité jadis a couvert ces collines?

« Sparte, répond mon guide.... » Eh quoi! ces murs déserts,

Quelques pierres sans nom, des tombeaux, des ruines,

Voilà Sparte, et sa gloire a rempli l'univers!

Le soldat d'Ismaël, assis sur ces décombres,

Insulte aux grandes ombres

Des enfans d'Hercule en courroux.

N'entends-je pas gémir sous ces portiques sombres?

Mânes des trois cents, est-ce vous?....

Eurotas, Eurotas, que font ces lauriers-roses

Sur ton rivage en deuil, par la mort habité?

Est-ce pour faire outrage à ta captivité

Que ces nobles fleurs sont écloses?

Non, ta gloire n'est plus, non, d'un peuple puissant

Tu ne reverras plus la jeunesse héroïque

Laver parmi tes lis ses bras couverts de sang,

Et dans ton cristal pur sous ses pas jaillissant

    Secouer la poudre olympique.

C'en est fait, et ces jours que sont-ils devenus,

Où le cygne argenté, tout fier de sa parure,

Des vierges dans ses jeux caressait les pieds nus,

Où tes roseaux divins rendaient un doux murmure,

Où réchauffant Léda pâle de volupté,

Froide et tremblante encore au sortir de tes ondes,

Dans le sein qu'il couvrait de ses ailes fécondes,

Un dieu versait la vie et l'immortalité?

C'en est fait; et le cygne, exilé d'une terre

Où l'on enchaîne la beauté,

Devant l'éclat du cimeterre

A fui comme la Liberté.

O sommets de Taygète, ô rives du Pénée,

De la sombre Tempé vallons silencieux,

O campagnes d'Athène, ô Grèce infortunée,

Où sont pour t'affranchir tes guerriers et tes dieux ?

Ils sont sur tes débris ! Aux armes ! voici l'heure

Où le fer te rendra les beaux jours que je pleure !

Voici la Liberté, tu renais à son nom ;

Vierge comme Minerve, elle aura pour demeure

    Ce qui reste du Parthénon.

Des champs de Sunium, des bois du Cythéron,

Descends, peuple chéri de Mars et de Neptune!

Vous, relevez les murs, vous, préparez les dards!

Femmes, offrez vos vœux sur ces marbres épars :

    Là fut l'autel de la Fortune.

Autour de ce rocher rassemblez-vous, vieillards

    Ce rocher portait la tribune;

Sa base encor debout, parle encore aux héros

    Qui peuplent la nouvelle Athènes :

Prêtez l'oreille.... il a retenu quelques mots

    Des harangues de Démosthènes.

Guerre, guerre aux tyrans! Nochers, fendez les flots!

Du haut de son tombeau Thémistocle domine

    Sur ce port qui l'a vu si grand;

Et la mer à vos pieds s'y brise en murmurant

    Le nom sacré de Salamine.

Guerre aux tyrans! soldats, le voilà ce clairon

Qui des Perses jadis a glacé le courage!

Sortez par ce portique, il est d'heureux présage :

Pour revenir vainqueur par là sortit Cimon;

C'est là que de son père on suspendit l'image!

Partez, marchez, courez, vous courez au carnage,

    C'est le chemin de Marathon!

O sommets de Taygète, ô débris du Pyrée,

O Sparte, entendez-vous leurs cris victorieux?

La Grèce a des vengeurs, la Grèce est délivrée,

La Grèce a retrouvé ses héros et ses dieux!

NEUVIÈME

MESSÉNIENNE.

NEUVIÈME

MESSÉNIENNE.

TYRTÉE AUX GRECS.

Le soleil a paru : sa clarté menaçante

Du fer des boucliers jaillit en longs reflets ;

Les guerriers sont debout, immobiles, muets ;

Ils pressent de leurs dents leur lèvre frémissante ;

Tous, pleins d'un vague effroi qu'ils ont peine à cacher,

Attendent le péril, sans pouvoir le chercher.

    Moment d'un siècle! horrible attente!

Ah! quand donnera-t-on le signal de marcher?

Vieillard, garde ton rang... mais il court, il s'écrie :

« Le signal est donné de vaincre ou de mourir;

« Ma vie est mon seul bien, je l'offre à la patrie :

    « Liberté, je cours te l'offrir. »

Opprobre à tout guerrier dans la vigueur de l'âge,

Qui s'enfuit comme un lâche en spectacle au vainqueur

Tandis que ce vieillard prodigue avec courage

Un reste de vieux sang qui réchauffait son cœur!

Sous les pieds des coursiers il se dresse, il présente

Sa barbe blanchissante,

L'intrépide pâleur de son front irrité,

Tombe, expire, et le fer, qu'il voit sans épouvante,

De sa bouche expirante

Arrache avec son ame un cri de liberté.

Liberté! Liberté! viens, reçois sa grande ame!

Devance nos coursiers sur tes ailes de flamme;

Viens, Liberté, marchons. Aux vautours dévorans

Que nos corps, si tu veux, soient jetés en pâture:

Il est cent fois plus doux de rester dans tes rangs,

Vaincu, mort et sans sépulture,

Que de vaincre pour les tyrans.

Gloire à nous! gloire au courage!

Gloire à nos vaillans efforts!

A nous le champ du carnage!

A nous les restes des morts!

Rapportons dans nos murailles

Ceux qu'au glaive des batailles

Le dieu Mars avait promis :

Citoyens, voilà vos frères !

Ils ont pour lits funéraires

Les drapeaux des ennemis.

Survivre à sa victoire, ô douce et noble vie !

Mourir victorieux, ô mort digne d'envie !

Il rentre sans blessure, et non pas sans lauriers,

L'heureux vengeur de nos dieux domestiques.

Quels bras reconnaissans ont dressé ces portiques?

Que de fleurs sur ses pas! que d'emblêmes guerriers!

Le peuple, aux jeux publics où ce héros préside,

    Se lève devant son appui;

Le vieillard lui fait place, et la vierge timide

Le montre à sa compagne en murmurant : c'est lui!

Il rentre, le vainqueur, mais porté sur ses armes.

Est-il pour son bûcher d'appareil assez beau?

    Pour le pleurer est-il assez de larmes?

Est-il marbre assez pur pour orner son tombeau?

Ses exploits sont chantés, sa mémoire est chérie;

Il monte au rang des dieux qu'adore la patrie.

Elle comble d'honneurs ses mânes triomphans,

Et son père, et ses fils, et sa famille entière,

Et les enfans de ses enfans

Dans leur postérité dernière?

Debout, la lyre en main, a l'aspect des deux camps

Ainsi chantait le vieux Tyrtée.

Pour la Grèce ressuscitée

Que ne puis-je aujourd'hui ressusciter ses chants!

Je vous dirais, ô Grecs! ressemblez à vos pères :

Soyez libres comme eux ou mourez en héros.

Jadis vous combattiez vos frères,

Et vous combattez vos bourreaux.

Ils viennent! Aux clartés dont la mer se colore

J'ai reconnu leurs pavillons.

Quel volcan a lancé ces épais tourbillons ?

Dans l'ombre de la nuit quelle effroyable aurore !...

La dernière pour toi, que la flamme dévore,

Chio *, tu vois tomber tes pieux monumens.

Ils tombent ces palais que l'art en vain décore ;

Et de ces bois en fleurs, où de tendres sermens

    Hier retentissaient encore,

    Sortent de longs gémissemens.

Ouvrez les yeux, ô Grecs ! ô Grecs ! prêtez l'oreille :

Vous verrez le tombeau, vous entendrez les cris

---

* La catastrophe de Chio eut lieu en 1822 ; l'incendie et les massacres se prolongèrent pendant les mois de mai et de juin.

De tout un peuple qui s'éveille,

Poursuivi par le fer, la foudre et les débris.

Vous verrez une plage horrible, inhabitée,

Où, chassé par les feux vainqueurs de ses efforts,

Le flot qui se recule en roulant sur des morts,

Laisse une écume ensanglantée.

Vengez vos frères massacrés,

Vengez vos femmes expirantes;

Les loups se sont désaltérés

Dans leurs entrailles palpitantes.

Vengez-les, vengez-vous!... Ténédos! Ténédos!

Deux esquifs à ta voix ont sillonné les flots:

Tels , vomis par ton sein sur la plaine azurée ,

    S'avançaient ces serpents hideux ,

Se dressant , perçant l'air de leur langue acérée ,

De leurs anneaux mouvans fouettant l'onde autour d'eux ,

Quand la triste Ilion les vit sous ses murailles ,

A leur triple victime attachés tous les deux ,

La saisir , l'enlacer de leurs flexibles nœuds ,

    L'emprisonner dans leurs écailles.

    Tels et plus terribles encor ,

Ces deux esquifs de front fendent les mers profondes.

    De vos rames battez les ondes ,

Allez , vers ce vaisseau cinglez d'un même essor.

L'incendie a glissé sous la carène ardente ;

Il se dresse à la poupe , il siffle autour des flancs ;

De cordage en cordage il s'élance, il serpente,

Enveloppe les mâts de ses replis brûlans;

De sa langue de feu, qui s'allonge à leur cîme,

Saisit leurs pavillons consumés dans les airs,

Et, pour la dévorer, embrassant la victime

Avec ses mâts rompus, ses ponts, ses flancs ouverts

Ses foudres, ses nochers engloutis par les mers,

     S'enfonce en grondant dans l'abîme. *

Ah! puisses-tu toujours triompher et punir!

Ce sont mes vœux, ô Grèce! et, devançant l'histoire,

---

* Constantin Canaris, commandant de deux brûlots,
rend ainsi compte de son expédition de Ténédos : J'arrivai en
rade sous pavillon ottoman ; obligé de passer entre la terre

Jadis l'heureux Tyrtée eût prédit ta victoire.

Alors c'était le tems cher à ton souvenir,

   Où les amans des filles de mémoire,

Comme dans le passé, lisaient dans l'avenir.

Mais du jour qu'infidèle à ces vierges célestes,

---

et les vaisseaux turcs, je ne pus jeter mes grapins aux bossoirs de l'amiral ; alors je profitai du mouvement de la vague pour faire entrer mon beaupré dans un de ses sabords; et dès qu'il fut ainsi engage, j'y mis le feu en criant aux Turcs : *Vous voilà brûlés comme à Chio !* La terreur se répandit aussitôt parmi eux : je descendis dans mon canot avec mes matelots, sans aucun danger, car l'ennemi ne tira pas même un coup de fusil.

      Pouqueville, *Histoire inédite de la régénération de la Grèce*, liv. viii.

Leur hommage adultère a cherché les tyrans ;

Du jour qu'ils ont changé leurs parures modestes

Contre quelques lambeaux de la pourpre des grands;

Qu'ils ont d'un art divin profané les miracles

En illustrant le vice , en consacrant l'erreur ,

A leur bouche vénale Apollon en fureur

    A ravi le don des oracles.

Condamne-toi , ma muse , à de stériles vœux :

Mais refuse tes chants aux oppresseurs heureux.

Que de la vérité tes vers soient les esclaves;

De ses chastes faveurs faisons nos seuls amours :

    Sans orgueil préférons toujours

Une pauvreté libre à de riches entraves ;

Et, si quelque mortel justement respecté

Entend frémir pour lui les cordes de ma lyre,

O ma muse ! qu'il puisse dire :

« S'il ne m'admirait pas, il ne m'eût pas chanté ! »

DIXIÈME

MESSÉNIENNE.

DIXIÈME
MESSÉNIENNE.

LE VOYAGEUR.

« Tu nous rends nos derniers signaux ;

« Le long du bord le câble crie ;

« L'ancre s'élève et sort des eaux ;

« La voile s'ouvre ; adieu, patrie !

« Des flots l'un par l'autre heurtés

« Je vois fuir les cimes mouvantes,

« Comme les flocons argentés

« Des toisons sur nos monts errantes.

« Je vois se dérouler les nœuds

« Qui mesurent l'humide plaine,

« Et je vogue, averti par eux

« Que loin de toi le vent m'entraîne.

« Doux pays, bois sacrés, beaux lieux,

« Je pars, et pour toujours peut-être, »

Disait un Grec dans ses adieux

A Cypre qui l'avait vu naître.

« Sur vos rives la Liberté,

« Ainsi que la gloire, est proscrite ;

« Je pars, je les suis et je quitte

« Le beau ciel qu'elles ont quitté. »

Il chercha la Liberté sainte

D'Agrigente aux vallons d'Enna;

Sa flamme antique y semble éteinte,

Comme les flammes de l'Etna.

A Naple, il trouva son idole

Qui tremblait un glaive à la main;

Il vit Rome, et pas un Romain

Sur les débris du Capitole!

O Venise, il vit tes guerriers;

Mais ils ont perdu leur audace

Plus vite que tes gondoliers

N'ont oublié les vers du Tasse.

Il chercha sous le ciel du Nord

Pour les Grecs un autre Alexandre....

Ah ! dit-il, le Phénix est mort,

Et ne renaît plus de sa cendre !

A Vienne, il apprit dans les rangs

Des oppresseurs de l'Ausonie,

Que le succès change en tyrans

Les vainqueurs de la tyrannie.

Il trouva les Anglais trop fiers ;

Albion se dit magnanime ;

Des noirs elle a brisé les fers,

Et ce sont les blancs qu'elle opprime.

Il parcourt Londre, en y cherchant

Cet homme, l'effroi de la terre,

Dont la splendeur à son couchant

Pour tombeau choisit l'Angleterre.

Mais elle a craint ce prisonnier,

Et, reculant devant sa gloire,

A mis l'Océan tout entier

Entre un seul homme et la victoire.

Sur toi, Cadix, il vient pleurer :

Nos soldats couvraient ton rivage ;

Il vient, maudissant leur courage ;

Il part, de peur de l'admirer.

Paris l'appelle ; au seuil d'un temple
Le Grec , dans nos murs arrêté ,
Sur l'autel voit la Liberté.....
Mais c'est un marbre qu'il contemple ;

Semblable à ces dieux inconnus ,
A ces images immortelles
Dont les formes sont encor belles ,
Dont la divinité n'est plus.

Pour revoir son île chérie ,
Il franchit les flots écumans ;
Mais le courroux des Musulmans
Avait passé sur sa patrie.

Des débris en couvraient les bords ,
Et de leur cendre amoncelée

Les vautours, prenant leur volée,

Emportaient les lambeaux des morts. *

Il dit, s'élançant dans l'abîme :

« Les peuples sont nés pour souffrir ;

« Noir Océan , prends ta victime,

« S'il faut être esclave ou mourir !»

Ainsi l'Alcyon , moins timide,

Part et se croit libre en quittant

La rive où sa mère l'attend

Dans le nid qu'il a laissé vide.

---

* Cypre fut désolée par les Turcs au mois d'août 1822. Soixante bourgs ou villages avaient entièrement disparu au mois de septembre de la même année.

POUQUEVILLE , *Histoire inédite de la régénération de la Grèce*, liv. IX.

Il voltige autour des palais,

Orgueil de la cité prochaine,

Et voit ses frères, qu'on enchaîne,

Se débattre dans des filets.

Il voit le rossignol, qui chante

Les amours et la liberté,

Puni par la captivité

Des doux sons de sa voix touchante.

De l'Olympe il voit l'aigle altier

Briser, pour sortir d'esclavage,

Son front royal et prisonnier

Contre les barreaux de sa cage.

Vers sa mère il revient tremblant,

Et l'appelle en vain sur la rive,

Où flotte le duvet sanglant

De quelque plume fugitive.

L'oiseau reconnaît ces débris,

Il suit le flot qui les emporte,

Rase l'onde en poussant des cris,

Plonge et meurt.... où sa mère est morte.

ONZIÈME

MESSÉNIENNE.

Deveria delt.   Touzé sc.

11.ème MESSENIENNE.

ET LE PÉCHEUR LE SOIR S'Y REPOSE EN CHEMIN,
REPRENANT SES FILETS QU'AVEC PEINE IL SOULÈVE,
IL S'ÉLOIGNE À PAS LENTS, FOULE TA CENDRE, ET RÊVE.....
À SES TRAVAUX DU LENDEMAIN.

ONZIÈME

MESSÉNIENNE.

A NAPOLÉON.

Dᴇ lumière et d'obscurité,

De néant et de gloire étonnant assemblage,

Astre fatal aux rois comme à la liberté ;

Au plus haut de ton cours porté par un orage ,

Et par un orage emporté,

14.

Toi, qui n'as rien connu, dans ton sanglant passage,

D'égal à ton bonheur que ton adversité;

Dieu mortel, sous tes pieds les monts courbant leurs têtes

T'ouvraient un chemin triomphal,

Les élémens soumis attendaient ton signal :

D'une nuit pluvieuse écartant les tempêtes

Pour éclairer tes fêtes,

Le soleil t'annonçait sur son char radieux;

L'Europe t'admirait dans une horreur profonde,

Et le son de ta voix, un signe de tes yeux

Donnait une secousse au monde.

Ton souffle du chaos faisait sortir les lois;

Ton image insultait aux dépouilles des rois,

Et, debout sur l'airain de leurs foudres guerrières,

Entretenait le ciel du bruit de tes exploits.

Les cultes renaissans, étonnés d'être frères,

Sur leurs autels rivaux, qui fumaient à la foi ,

Pour toi confondaient leurs prières.

« Conservez, disaient-ils, le vainqueur du Thabor,

« Conservez le vainqueur du Tibre; »

Que n'ont-ils pour ta gloire ajouté plus encor :

« Dieu juste, conservez le roi d'un peuple libre ! »

Tu régnerais encor si tu l'avais voulu.

Fils de la Liberté, tu détrônas ta mère.

Armé contre ses droits d'un pouvoir éphémère,

Tu croyais l'accabler, tu l'avais résolu;

    Mais le tombeau creusé pour elle

Dévore tôt ou tard le monarque absolu:

Un tyran tombe ou meurt; seule elle est immortelle.

Justice, droits, sermens, peux-tu rien respecter?

D'un antique lieu périsse la mémoire!

L'Espagne est notre sœur de danger et de gloire;

Tu la veux pour esclave, et n'osant ajouter

A ta double couronne un nouveau diadème;

Sur son trône conquis ton orgueil veut jeter

    Un simulacre de toi-même.

    Mais non, tu l'espérais en vain.

Ses prélats, ses guerriers l'un l'autre s'excitèrent,

Les croyances du peuple à leur voix s'exaltèrent.

Quels signes précurseurs d'un désastre prochain !

Le béfroi, qu'ébranlait une invisible main,

S'éveillait de lui-même et sonnait les alarmes ;

Les images des preux s'agitaient sous leurs armes ;

On avait vu des pleurs mouiller leurs yeux d'airain :

On avait vu le sang du Sauveur de la terre

Des flancs du marbre ému sortir à longs ruisseaux ;

Les morts erraient dans l'ombre, et ces cris : guerre ! guerre !

    S'élevaient du fond des tombeaux.

Une nuit, c'était l'heure où les songes funèbres

Apportent aux vivans les leçons du cercueil ;

Où le second Brutus vit son génie en deuil

Se dresser devant lui dans l'horreur des ténèbres ;

Où Richard, tourmenté d'un sommeil sans repos,

Vit les mânes vengeurs de sa famille entière,

Rangés autour de ses drapeaux,

Le maudire et crier: voilà ta nuit dernière !

Napoléon veillait, seul et silencieux :

La fatigue inclinait cette tête puissante

Sur la carte immobile où s'attachaient ses yeux ;

Trois guerrières, trois sœurs parurent sous sa tente.

Pauvre et sans ornemens, belle de ses hauts faits,

La première semblait une vierge romaine

Dont le ciel a bruni les traits.

Le front ceint d'un rameau de chêne,

Elle appuyait son bras sur un drapeau français.

Il rappelait un jour d'éternelle mémoire;

Trois couleurs rayonnaient sur ses lambeaux sacrés

Par la foudre noircis, poudreux et déchirés,

    Mais déchirés par la Victoire.

« Je t'ai connu soldat; salut : te voilà roi.

    « De Marengo la terrible journée

« Dans tes fastes, dit-elle, a pris place après moi;

    « Salut; je suis sa sœur aînée.

    « Je te guidais au premier rang;

« Je protégeai ta course et dictai la parole

« Qui ranima des tiens le courage expirant,

« Lorsque la mort te vit si grand ,

« Qu'elle te respecta sous les foudres d'Arcole.

« Tu changeas mon drapeau contre un sceptre d'airain :

« Tremble , je vois pâlir ton étoile éclipsée.

« La force est sans appui, du jour qu'elle est sans frein.

« Adieu , ton règne expire et ta gloire est passée. »

La seconde unissait aux palmes des déserts

   Les dépouilles d'Alexandrie.

Les feux dont le soleil inonde sa patrie ,

De ses brûlans regards allumaient les éclairs.

   Sa main , par la conquête armée ,

Dégouttante du sang des descendans d'Omar ,

Tenait le glaive de César

Et le compas de Ptolémée.

« Je t'ai connu banni ; salut : te voilà roi.

« Du mont Thabor la brillante journée

« Dans tes fastes, dit-elle, a pris place après moi ;

« Salut ! je suis sa sœur aînée.

« Je te dois l'éclat immortel

« Du nom que je reçus au pied des Pyramides.

« J'ai vu les turbans d'Ismaël

« Foulés au bord du Nil par tes coursiers rapides.

« Les arts sous ton égide avaient placé leurs fils,

« Quand des restes muets de Thèbe et de Memphis

« Ils interrogeaient la poussière ;

« Et si tu t'égarais dans ton vol glorieux,

« C'était comme l'aiglon qui se perd dans les cieux,

   « C'était pour chercher la lumière.

« Tu voulus l'étouffer sous ton sceptre d'airain :

« Tremble ; je vois pâlir ton étoile éclipsée.

« La force est sans appui, du jour qu'elle est sans frein.

« Adieu ! ton règne expire et ta gloire est passée. »

La dernière... ô pitié ! des fers chargeaient ses bras !

L'œil baissé vers la terre où chacun de ses pas

   Laissait une empreinte sanglante ;

   Elle s'avançait chancelante

En murmurant ces mots : MEURT ET NE SE REND PAS.

Loin d'elle les trésors qui parent la conquête,

   Et l'appareil des drapeaux prisonniers !

Mais des cyprès, beaux comme des lauriers,

De leur sombre couronne environnaient sa tête.

« Tu ne me connaîtras qu'en cessant d'être roi.

« Écoute et tremble : aucune autre journée

« Dans tes fastes jamais n'aura place après moi,

« Et je n'eus point de sœur aînée.

« De vaillance et de deuil souvenir désastreux,

« J'affranchirai les rois que ton bras tient en laisse,

« Et je transporterai la chaîne qui les blesse

« Aux peuples qui vaincront pour eux.

« Les siècles douteront, en lisant ton histoire,

« Si tes vieux compagnons de gloire,

« Si ces débris vivans de tant d'exploits divers,

« Se sont plus illustrés par trente ans de victoire ,

   « Que par un seul jour de revers.

« Je chasserai du ciel ton étoile éclipsée ;

« Je briserai ton glaive et ton sceptre d'airain :

« La force est sans appui, du jour qu'elle est sans frein ;

« Adieu ! ton règne expire et ta gloire est passée. »

Toutes trois vers le ciel avaient repris l'essor,

Et le guerrier surpris les écoutait encor :

Leur souvenir pesait sur son ame oppressée ;

    Mais aux roulemens du tambour,

Cette image bientôt sortit de sa pensée ,

Comme l'ombre des nuits se dissipe effacée

    Par les premiers rayons du jour.

Il crut avoir domté les enfans de Pélage.

Entraîné de nouveau par ce char vagabond

Qui portait en tous lieux la guerre et l'esclavage,

Passant sur son empire, il le franchit d'un bond,

Et tout fumans encor, ses coursiers hors d'haleine,

Que les feux du midi naguère avaient lassés,

De la Bérésina, qui coulait sous sa chaîne,

　　　Buvaient déjà les flots glacés.

Il dormait sur la foi de son astre infidèle,

Trompé par ces flatteurs dont la voix criminelle

　　　L'avait mal conseillé.

Il rêvait, en tombant, l'empire de la terre,

Et ne rouvrit les yeux qu'aux éclats du tonnerre ;

　　　Où s'est-il réveillé !.......

Seul et sur un rocher d'où sa vie importune

Troublait encor les rois d'une terreur commune,

Du fond de son exil encor présent partout,

Grand comme son malheur, détrôné, mais debout

    Sur les débris de sa fortune.

Laissant l'Europe vide et la victoire en deuil,

Ainsi, de faute en faute et d'orage en orage,

Il est venu mourir sur un dernier écueil,

    Où sa puissance a fait naufrage.

La vaste mer murmure autour de son cercueil.

Une île t'a reçu sans couronne et sans vie,

Toi, qu'un empire immense eut peine à contenir ;

Sous la tombe, où s'éteint ton royal avenir,

Descend avec toi seul toute une dynastie ;

Et le pêcheur le soir s'y repose en chemin ;

Reprenant ses filets qu'avec peine il soulève,

Il s'éloigne à pas lents, foule ta cendre, et rêve...

A ses travaux du lendemain.

ÉPILOGUE.

———◦◦◦———

A vous, puissans du monde, à vous, rois de la terre,

Qui tenez dans vos mains, et la paix, et la guerre;

A vous de décider si, lassés de souffrir,

Les Grecs ont pris le fer pour vaincre ou pour mourir;

Si du Tage au Volga, de la Tamise au Tibre,

L'Europe désormais doit être esclave ou libre.

Libre, elle bénira votre auguste équité;

Non qu'elle offre ses vœux à cette liberté,

Qui des plus saintes lois s'affranchit par le glaive,

Marche sans but, sans frein, sur des débris s'élève,

Triomphe dans le trouble, et, vantant ses bienfaits,

Pour un abus détruit enfante cent forfaits.

La sage liberté qu'elle attend, qu'elle implore,

Qui préside à mes chants, que tout grand peuple adore;

Par le bonheur public affermit les états;

Créant des citoyens, elle fait des soldats,

Enchaîne la licence, abat la tyrannie,

Des pouvoirs balancés entretient l'harmonie,

Réunit les sujets sous le sceptre des rois,

Rapproche tous les rangs, garantit tous les droits,

Et, favorable à tous, de son ombre éternelle

Couvre jusqu'aux ingrats qui conspirent contre elle!

Ainsi le chêne épais reçoit sous ses rameaux,

Défend des feux du jour ces immondes troupeaux

Qui, cherchant à ses pieds leur sauvage pâture,

Des gazons soulevés flétrissent la verdure,

Insultent vainement dans ses profonds appuis

Ce tronc qui leur prodigue et son ombre et ses fruits,

Et les écraserait de ses vastes ruines,

S'ils pouvaient de la terre arracher ses racines.

FIN DU PREMIER VOLUME.

www.ingramcontent.com/pod-product-compliance
Lightning Source LLC
Chambersburg PA
CBHW072037080426
42733CB00010B/1920